Ab 12 Jahren

Jürgen Tille-Koch

Die Lese-Ecke

1

Sachtexte für Jugendliche in einfacher Sprache

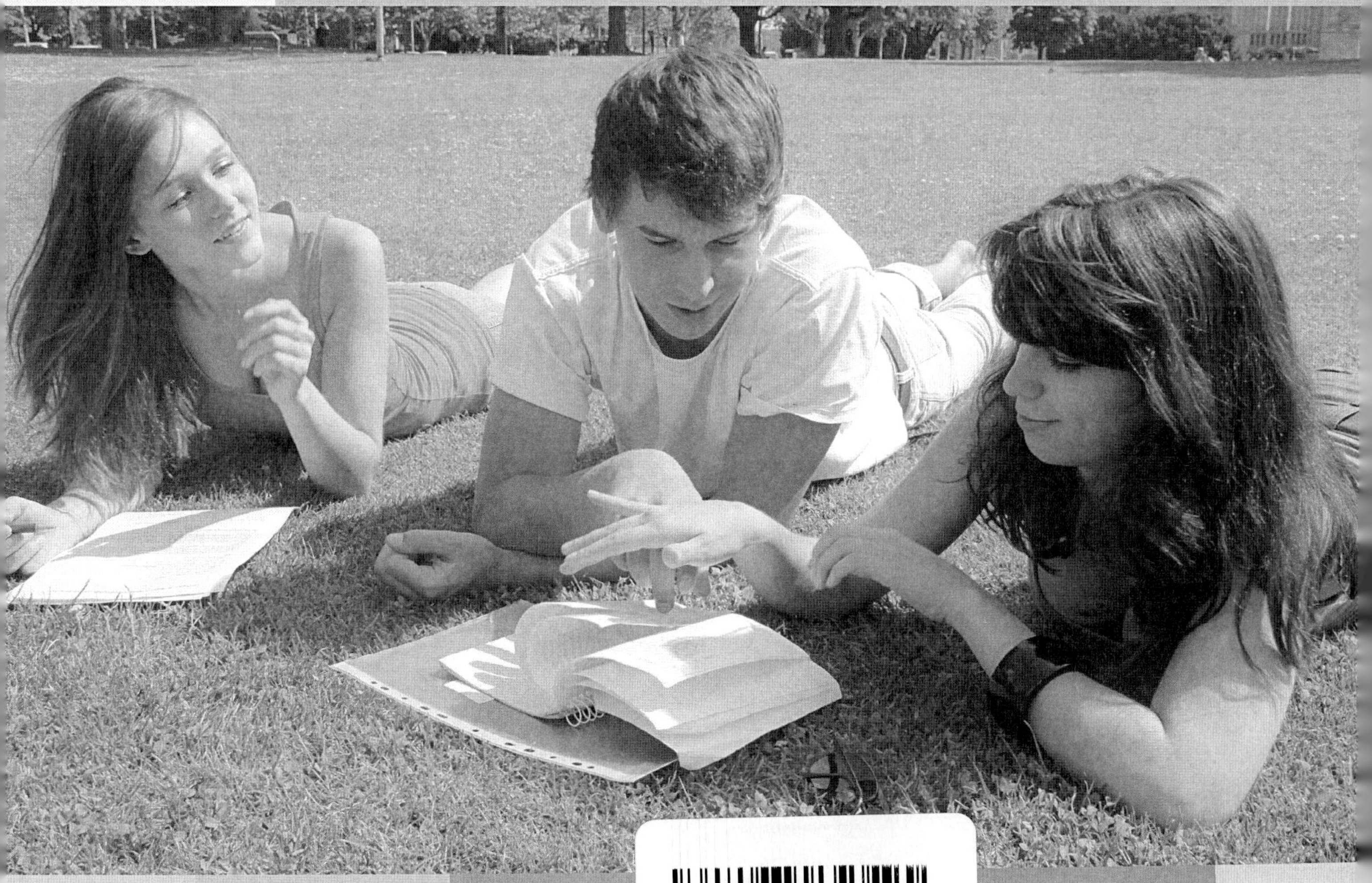

- Verständlicher und einfacher Sprachgebrauch
- Altersgemäße & unterhaltsame Texte
- Einfache und motivierende Übungen zum Lese- und Textverständnis

www.kohlverlag.de

Die Lese-Ecke / Band 1

Sachtexte für Jugendliche in einfacher Sprache

2. Auflage 2024

Inhalt: Jürgen Tille-Koch
Coverbild: © wildworx - AdobeStock.com
Redaktion: Kohl-Verlag
Grafik & Satz: Kohl-Verlag
Druck: Druckhaus Flock, Köln

Bestell-Nr. 16 107

ISBN: 978-3-98841-130-3

Bildquellen:

(alle von AdobeStock.com)

Seite 2: © Africa Studio; **Seite 5:** © chandlervid85; **Seite 6:** © Brad Pict; **Seite 8:** © Karl Allen Lugmayer; **Seite 9:** © camiloernesto; **Seite 11:** © Björn Wylezich; **Seite 12:** © gandolf, emuck, photocrew & nathanipha99; **Seite 14:** © Karlaage; **Seite 16:** © eobrazy_pl; **Seite 17:** © weenee; **Seite 20:** © weenee & PETR BABKIN; **Seite 21:** © Dmytro; **Seite 22:** © Svitlana; **Seite 23:** © Photographee.eu; **Seite 24:** © Style-o-Mat-Design; **Seite 25:** © Maridav; **Seite 28:** © gandolf, emuck, photocrew & nathanipa99;

Inhalt

KOHL VERLAG Lernen mit Erfolg
DIE LESE-ECKE / Band 1
Sachtexte für Jugendliche in einfacher Sprache – Bestell-Nr. 16 107

Vorwort

In den Leitgedanken zum Bildungswert des Faches Deutsch heißt es zum Beispiel im Bildungsplan Baden-Württemberg:

„Sprachkompetenz und Ausdrucksvermögen sind Schlüsselfähigkeiten für den Bildungserfolg aller Kinder und eine wesentliche Voraussetzung für ihre Chancen im Miteinander unserer Gesellschaft. ... Darum müssen Kinder, die die deutsche Sprache noch nicht ausreichend beherrschen, weil sie zum Beispiel erst geringe Vorerfahrungen haben oder eine andere Erstsprache sprechen, in ihrem Spracherwerb und in ihrer Sprachentwicklung besonders gestärkt und unterstützt werden. Dieser Herausforderung begegnet das Fach Deutsch, indem es auf die individuelle sprachliche Förderung eingeht. So können die Kinder ihre sprachlichen Fertigkeiten und Kenntnisse im Hinblick auf die Besonderheiten der deutschen Sprache ausbauen. ... .“

(Quelle: https://www.bildungsplaene-bw.de/,Lde/LS/BP2016BW/ALLG/GS/D/LG)

Die Texte und Übungen des vorliegenden Bandes für Schüler*innen der Sekundarstufe I haben das Ziel, die o.g. Kompetenzen mit altersbezogenen Inhalten zu erreichen. Dabei orientieren sich die Erlebnistexte an Unterrichtsfächern und Situationen des Schullebens.

Der erste Band mit Bezug zu den Fächern Deutsch, Biologie, Musik, Werken, Sport und Religion/Ethik thematisiert auch die Veranstaltung „Schulfest“.

Viel Freude und Erfolg mit den vorliegenden Kopiervorlagen wünschen Ihnen der Kohl-Verlag und

Jürgen Tille-Koch

Hinweise zu den Übungen:

Die gesuchten Lösungswörter oder Sätze sind jeweils im Text zu finden!

Die Abkürzung „Z“ steht für „Zeile“!

Das Gendersternchen bei geschlechtsspezifischen Ausdrücken umfasst im Text alle Geschlechter.

1 Der Flohmarkt

(➡ Schulfest)

Ben und Lisa Schäfer gehen in die Goethe-Schule. Lisa besucht die 6. Klasse, Ben die 7. Klasse.

In diesem Jahr findet wieder ein Schulfest statt. Ein Flohmarkt ist die besondere Attraktion des Schulfestes. Die Einnahmen werden an das Kinderheim im Ort gespendet. So ist der Plan.

Familie Schäfer packt heute die Sachen für den Flohmarkt ins Auto. Alle Mitglieder haben den Keller leergeräumt. Ben hat seine alte Eisenbahn aus Holz eingepackt. Ein Bagger, Spielzeug aus Plastik und sehr viele Spielzeugautos hat er auch noch gefunden. Und eine Ritterburg und Teddybär Otto. Lisa hat eine Puppenstube, eine kleine Kochplatte und alte Schallplatten ins Auto getragen. Der große Karton mit vielen Kinderbüchern ist ganz schön schwer!

Die kleine Schwester Lena fährt auch mit. Sie ist ganz aufgeregt. Das Auto ist sehr voll. Herr Schäfer und Ben fahren mit dem Fahrrad zur Schule. Frau Schäfer nimmt die Mädchen im Auto mit.

Sie kommen gleichzeitig an der Schule an. Zuerst müssen sie die Sachen für den Flohmarkt auf den Schulhof tragen. Ein Auto darf dort nicht fahren. Das versteht Lena nicht. Ihr Vater sagt zu ihr: „Ein Feuerwehrauto darf hier fahren. Aber nur, wenn es brennt."

Neben dem Klettergerüst finden sie einen schönen Platz für ihre Flohmarktsachen. Lisa bereitet den Platz mit zwei Decken vor. Sie tragen die Sachen vom Auto auf die Decken. Da der Weg sehr weit ist, schwitzen sie vom Schleppen und Tragen.

Lena denkt: „Ich wünsche mir ein Feuerwehrauto. Dann können wir auf den Schulhof fahren. Wir denken einfach, es brennt!"

Herr Schäfer fährt mit dem Fahrrad wieder nach Hause. Er möchte joggen. Seine Familie schafft das schon alleine! Er hofft auf ein leeres Auto am Abend!

Sie verkaufen sehr viel von ihren Sachen. Und kaufen auch noch neues Spielzeug für sich. Abends sind sie wieder zurück. Lena springt ihrem Vater vor Freude in die Arme. Herr Schäfer wundert sich sehr. Im Auto befinden sich Kartons mit neuen Spielsachen. Auf dem Rücksitz parkt ein großes Auto aus rotem Plastik. „Was ist das?", fragt er. „Ein Feuerwehrauto!", sagt Lena. Sie wundert sich über die komische Frage. „Lena, mit so was spielst du doch schon lange nicht mehr!" „Will ich ja gar nicht. Aber mit dem Feuerwehrauto dürfen wir auf den Schulhof fahren", erklärt Lena. „Und wo lagern wir das Monstrum bis zum nächsten Flohmarkt?", fragt Herr Schäfer. „Im Keller", erklärt Lena. „Da ist doch jetzt wieder Platz", sagt Ben grinsend.

DIE LESE-ECKE / Band 1 Sachtexte für Jugendliche in einfacher Sprache – Bestell-Nr. 16 107

1 Der Flohmarkt

Aufgabe 1: **a)** *Aus wie vielen Personen besteht die Familie Schäfer?*

____

b) *Zähle die Personen auf:*

____

Aufgabe 2: *In jedem der Sätze fehlt ein Wort. Du findest das fehlende Wort im Lesetext. Trage das gefundene Wort in das Rätsel unten ein. Schreibe unter der betreffenden Zahl von oben nach unten. Die Buchstaben in den markierten Kästchen ergeben ein Lösungswort.*

a) Herr Schäfer fährt mit dem ________________ wieder nach Hause. *(Z 27)*

b) Und eine Ritterburg und Teddybär ________________ . *(Z 10)*

c) Frau Schäfer nimmt die ________________ im Auto mit. *(Z 15)*

d) Auf dem ________________ parkt ein großes Auto aus rotem Plastik. *(Z 34)*

e) Und eine Ritterburg und ________________ Otto. *(Z 10)*

a)		b)		c)		d)		e)
	L		H		A		K	

Lösungswort:

____

1 Der Flohmarkt

Aufgabe 3: *Wer sagt die folgenden Sätze? Schreibe jeweils den Namen dahinter.*

Zitat (Textzeile)	Name der Person
„Ein Feuerwehrauto darf hier fahren. Aber nur, wenn es brennt.“ *(Z 18/19)*	
„Ich wünsche mir ein Feuerwehrauto.“ *(Z 24)*	
„Lena, mit so was spielst du doch schon lange nicht mehr!“ *(Z 36/37)*	
„Im Keller.“ *(Z 39)*	
„Da ist doch jetzt wieder Platz.“ *(Z 40)*	

Aufgabe 4: *Die Worthälfte links ergibt mit der Worthälfte rechts ein Substantiv. Schreibe das richtige Wort in die Mitte.*

a)	**Schul** *(Z 3)*		**markt**
b)	**Kinder** *(Z 5)*		**fest**
c)	**Floh** *(Z 6)*		**heim**
d)	**Spiel** *(Z 8)*		**stube**
e)	**Puppen** *(Z 10)*		**platte**
f)	**Koch** *(Z 10)*		**zeug**
g)	**Schul** *(Z 17)*		**gerüst**
h)	**Feuerwehr** *(Z 18)*		**sitz**
i)	**Kletter** *(Z 20)*		**hof**
j)	**Rück** *(Z 34)*		**auto**

DIE LESE-ECKE / Band 1
Sachtexte für Jugendliche in einfacher Sprache – Bestell-Nr. 16 107
KOHL VERLAG

2 Die rote Isetta

(➡ Deutsch: Geschichten erzählen)

Einmal in der Woche erzählt jeder aus der Klasse eine Geschichte. Heute ist Antonia an der Reihe. Sie erzählt ein Erlebnis mit ihrer Tante Gudrun und ihrem Onkel Berthold.

„Meine Tante Gudrun liebt ihr rotes Auto. Es ist eine sehr alte BMW Isetta. Dieser Oldtimer war jetzt kaputt. Mein Onkel schleppte diese Isetta mit seinem großen Mercedes in die Werkstatt. Er befestigte an beiden Autos das Abschleppseil. Ich durfte in der Isetta auf dem Beifahrersitz mitfahren. Hinter einer Kurve wechselte eine Ampel auf Gelb. Mein Onkel gab Gas. Er wollte noch bei Gelb rüberkommen. Meine Tante bremste. Die Ampel zeigte schließlich Gelb.“ „Ratsch!“ rief Jussuf dazwischen. „Natürlich“, sagte Antonia. „Das Abschleppseil ist gerissen. Wir sind in der Isetta vor der Ampel stehen geblieben. Nur der Mercedes hat es über die Kreuzung geschafft.“

„Coole Geschichte.“ Jussuf nickt und lächelt. Antonia lehnt sich zurück und sagt: „Das war noch nicht alles. Die Geschichte fängt jetzt erst richtig an. Mein Onkel hat gewendet. Er hat sich mit seinem Auto auf der Kreuzung vor die Isetta gestellt. Dann hat er die beiden Autos mit dem längeren Teil des gerissenen Seils verknotet. Mein Onkel hat sich sehr geärgert. Er wurde vor Ärger ganz rot im Gesicht, weil wir weitergefahren sind. Danach kamen wir ein zweites Mal an eine Kreuzung.“

„Oh nein!“, riefen Jussuf und ihre Lehrerin gleichzeitig. „Oh ja! Die Ampel sprang wieder von Grün auf Gelb. Meine Tante bremste nicht. Sie hat ja was gelernt! Mein Onkel hat die Bremse voll durchgetreten. Der Wagen stand sofort.“ „Bäng!“, rief Jussuf. „Genau!“, sagte Antonia und lachte. „Wir sind mit der Isetta auf den Mercedes gefahren. Es hat richtig laut gekracht! Uns ist nichts passiert. Aber jetzt waren zwei Autos kaputt. Meine Tante und mein Onkel haben nur ihre Köpfe geschüttelt. Beide wollten alles richtig machen!“

Die Lehrerin sagte zu Antonia: „Deine Tante und dein Onkel haben beide etwas dazugelernt. Sie haben es nur nicht abgesprochen.“

2 Die rote Isetta

Aufgabe 1: *Kreuze jeweils die richtige Antwort an.*

a) Welche Farbe hat Tante Gudruns Auto?

- ☐ gelb
- ☐ blau
- ☐ rot

b) Wer fährt den Mercedes?

- ☐ Jussuf
- ☐ Onkel Berthold
- ☐ die Lehrerin

c) Das Abschleppseil ist gerissen. Wie reagiert Onkel Berthold?

- ☐ Er ärgert sich sehr.
- ☐ Er steigt aus und geht zu Fuß.
- ☐ Er schimpft mit Antonia.

d) Was ist mit den Autos passiert?

- ☐ Sie werden erst einmal geputzt.
- ☐ Sie sind jetzt beide kaputt.
- ☐ Sie fahren im Kreis.

Aufgabe 2: *Markiere die Ausdrücke, die im Text vorkommen.*

Oldtimer	Beifahrersitz	Straßenlaterne
Zebrastreifen	Kreuzung	gerissenes Seil
blaue Isetta	Mercedes	Ampel
nichts passiert	Unfall	Krankenwagen

DIE LESE-ECKE / Band 1
Sachtexte für Jugendliche in einfacher Sprache – Bestell-Nr. 16 107
KOHL VERLAG

Die rote Isetta

Aufgabe 3: *Die Buchstaben der Wörter sind links alphabetisch geordnet. Sortiere sie zu sinnvollen Wörtern. Schreibe dein Ergebnis daneben.*

a)	*(Z 5)* **a k p t t u**	
b)	*(Z 6)* **a e k r s t t t W**	
c)	*(Z 8)* **e K r u v**	
d)	*(Z 27)* **e e h i L n r r**	
e)	*(Z 29)* **e e g l n r t**	

Aufgabe 4: *Markiere in jedem Satz das Wort, das im Text, an dieser Stelle nicht vorkommt.*

a) Einmal in der Woche erzählt jeder aus der Klasse eine spannende Geschichte. *(Z 1)*

b) Er befestigte an beiden Autos das lange Abschleppseil. *(Z 6/7)*

c) Nur der Mercedes hat es über die gefährliche Kreuzung geschafft. *(Z 12)*

d) Mein Onkel hat sein Auto gewendet. *(Z 17/18)*

e) Meine Tante bremste ihre Isetta nicht. *(Z 28)*

f) Uns ist Gott sei Dank nichts passiert. *(Z 31/32)*

Aufgabe 5: *Notiere neben den Definitionen den Begriff, der beschrieben wird.*

a)	Hier werden Dinge repariert, die kaputt sind. *(Z 6)*	
b)	Das wird vor Ärger manchmal rot. (Z 24/25)	
c)	Sie unterrichtet in der Schule. *(Z 27)*	

3 Die Sache mit dem Essen

(➡ Biologie, Ernährung, Umwelterziehung)

Unser Klassenlehrer Herr Huber ist auch unser Biologielehrer. Auf einem Ausflug suchten wir im Wald essbare Pflanzen und Kräuter. Die bereiteten wir am Mittag auf einem Grill zu. Auf Fleisch wollten wir verzichten. Es gibt verschiedene Meinungen dazu in unserer Klasse. Wu ist überzeugter Vegetarier. Er freute sich sehr auf unseren Ausflug und das Experiment. Mia wollte zum ersten Mal ohne Fleisch auskommen. Aber Jusuf und Franz wollten nicht auf Fleisch verzichten. Daher versteckten sie Bratwürste in ihren Rucksäcken. Andere packten noch Karotten, Paprika und Zwiebeln ein. Im Wald sammelten wir viele verschiedene essbare Pilze, Giersch, Brennnesseln und andere Kräuter.

Ich freute mich sehr auf das Grillen am Lagerfeuer! Nur Jusuf und Franz hatten andere Ideen. Sie meldeten sich freiwillig zum Grillen. Sie machten Feuer und grillten Pilze am Spieß. Sie legten ihre Würstchen heimlich auf den Grill. Dabei grillte Franz aus Versehen seinen Mittelfinger mit! Er schrie laut vor Schmerz. So erwischten wir sie natürlich. Jusuf war wütend. Er rief laut: „Die Menschen haben immer gejagt und Fleisch getrocknet. So hatten sie über den Winter genug zu essen. Menschen sind Fleischfresser!" Mia sagte: „Menschen haben früher mit der Natur gelebt. Sie töteten Tiere nur bei Hunger. Heute jagt der Mensch Tiere aber nicht mehr nur, um zu überleben."

Mia und Wu sind die besten Freunde. Wu sagte natürlich auch etwas dazu. Er schaute in die Runde und meinte: „Etwa drei Viertel aller landwirtschaftlichen Flächen sind Weiden oder Äcker. Man verwendet sie für Tierfutter. Die Bauern bauen vorwiegend Soja und Mais an. Dieses Kraftfutter ist gut für die Tiere."

Ich konnte den Zahlen und Angaben nicht mehr so gut folgen. Unser Herr Huber sagte dazu: „Landwirte mästen Rinder etwa 3 Jahre lang. In diesem Zeitraum haben sie 1300 Kilogramm Kraftfutter gefressen. Es kommt noch eine Menge Gras und Heu dazu. Die Tiere trinken noch viele Liter von unserem wertvollen Wasser! Für die Produktion von Fleisch wird dazu noch eine Fläche des Regenwaldes gerodet. Da gibt es eine wunderbare Lösung. Wir essen nur noch halb so viel Fleisch pro Woche. So verringern wir die Zahl von Schweinen und Geflügel um fast die Hälfte.
Ohne den Sauerstoff durch den Wald können wir nicht auf unserer Erde leben. Die Wälder sind die Lungen der Welt. Daher der Ruf an die Verantwortlichen: Rodet nicht die Wälder!"

Herr Huber beendete damit den Streit. Er fügte hinzu: „Über dieses Thema sprechen wir noch im Unterricht."

DIE LESE-ECKE / Band 1
Sachtexte für Jugendliche in einfacher Sprache – Bestell-Nr. 16 107

3 Die Sache mit dem Essen

Aufgabe 1: *Die Gemüsesorten auf den Bildern kommen jeweils im Text vor. Wie heißen sie? Schreibe deren Namen jeweils darunter.*

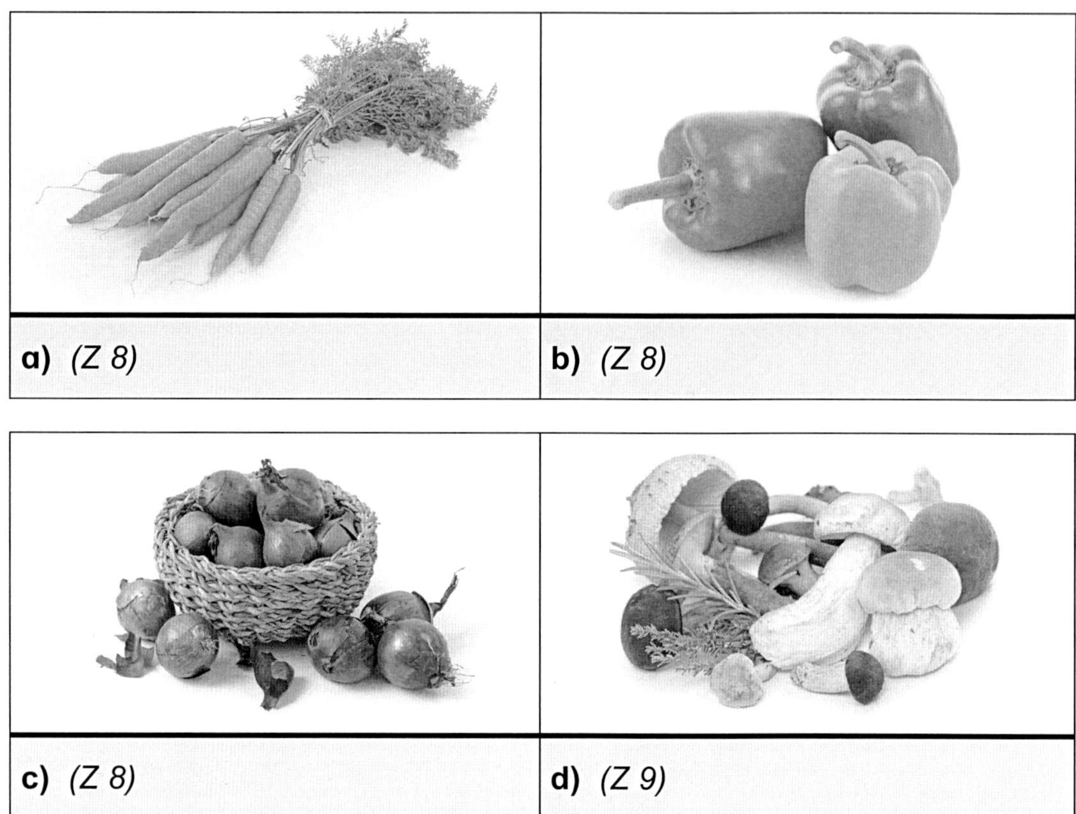

a) *(Z 8)*	**b)** *(Z 8)*
c) *(Z 8)*	**d)** *(Z 9)*

Aufgabe 2: *Ergänze die fehlenden Begriffe und trage sie in das Rätsel ein. Die Buchstaben in den hervorgehobenen Kästchen ergeben ein Lösungswort.*

a) Wu ist überzeugter ___ . *(Z 4/5)*

b) Im Wald sammelten wir viele verschiedene ___ Pilze usw.. *(Z 9)*

c) Er freute sich sehr auf unseren ___ und das Experiment. *(Z 5)*

d) Sie machten Feuer und grillten Pilze am ___ . *(Z 12/13)*

e) So hatten sie im ___ genug zu essen. *(Z 16/17)*

f) Menschen haben früher mit der ___ gelebt. *(Z 18)*

g) Ohne den ___ durch den Wald können wir nicht auf unserer Erde leben. *(Z 36)*

h) Es kommt noch eine Menge ___ und Heu dazu. *(Z 29-31)*

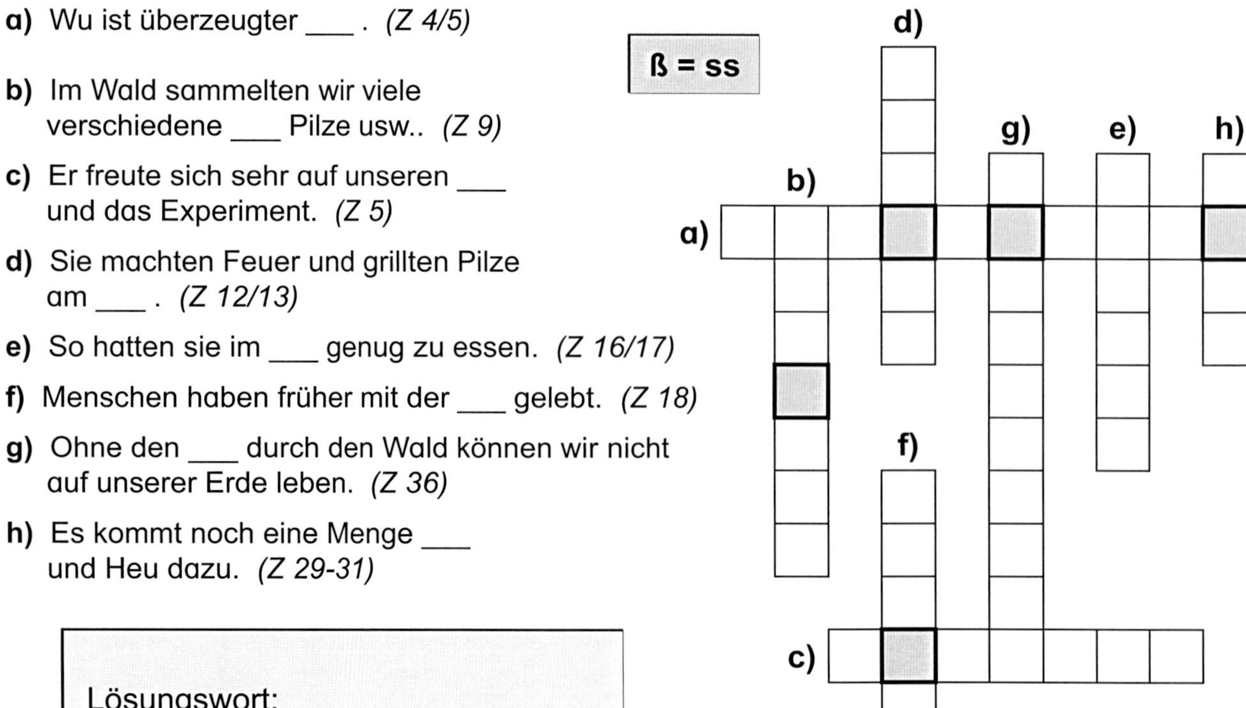

Lösungswort: ___ ___ ___ ___ ___

3 Die Sache mit dem Essen

Aufgabe 3: *Setze das jeweils passende Wort in die Sätze ein.*

Äcker - Bratwürste - Fläche - Grillen - Mittelfinger

a) Aber Jusuf und Franz wollten nicht auf Fleisch verzichten. Daher

versteckten sie ____________________ in ihren Rucksäcken. *(Z 7/8)*

b) Ich freute mich sehr auf das ________________ am Lagerfeuer! *(Z 11)*

c) Dabei grillte Franz aus Versehen seinen ____________________ mit! *(Z 14)*

d) Etwa drei Viertel aller landwirtschaftlichen Flächen sind Weiden oder

__________________ . *(Z 21/22)*

e) Für die Produktion von Fleisch wird dazu noch eine ________________ des Regenwaldes gerodet. *(Z 31-33)*

Aufgabe 4: *Kreuze an, was auf die genannten Personen zutrifft.*
Tipp: Es können auch mehrere Begriffe richtig sein.

a) Herr Huber

- ☐ Klassenlehrer
- ☐ Sportlehrer
- ☐ Biologielehrer
- ☐ Musiklehrer

b) Wu

- ☐ Vegetarier
- ☐ Würstchenesser
- ☐ Fleischesser
- ☐ Veganer

c) Jussuf und Franz

- ☐ Vegetarier
- ☐ Würstchenesser
- ☐ Fleischesser
- ☐ Veganer

KOHL VERLAG Lernen mit Erfolg
DIE LESE-ECKE / Band 1
Sachtexte für Jugendliche in einfacher Sprache – Bestell-Nr. 16 107

4 Es groovt

(➡ *Musik*)

Ich will nicht an das Fach Musik in meiner letzten Schule denken. Es war schrecklich! Noten lernen. Wozu denn das? Töne erkennen. Das kann ich einfach nicht! Vorsingen. Das geht gar nicht! Mozart. Interessiert mich nicht. Oper. Nein! Und dabei liebe ich Musik. Ich liebe die internationalen Songs der 80er Jahre. Pink Floyd, Frankie Goes to Hollywood, Depeche Mode, Eurythmics, Roxette, Michael Jackson - diese Musik liebe ich.
Und jetzt geht das in meiner neuen Schule so weiter. Musik – nein danke!

Ich habe jetzt die Schule gewechselt. Es ist die erste Musikstunde nach den Sommerferien. Die ganze Klasse freut sich auf Musik. Das verstehe ich nicht. Im Musikraum ändert sich meine Meinung. Stühle ohne Tische lassen viel Platz für die Instrumente. Ich kann es kaum glauben. Keyboards, Bass-Gitarre, E-Gitarre, Stabspiele, bunte Klangröhren – und in der Mitte ein Schlagzeug.Damit habe ich nicht gerechnet!
Wir setzen uns auf die Stühle, die frei im Raum stehen. Herr Bosch setzt sich dazu. Er sagt zu uns: „Schlagt bitte mit der Fußspitze den Rhythmus des folgenden Songs mit!“ Er drückt eine Fernbedienung. Den Song erkenne ich sofort: „Another Brick In The Wall“ von Pink Floyd. ***Mein*** Song! Auch damit habe ich nicht gerechnet!

https://www.youtube.com/watch?v=fvPpAPIlZyo

Wir übernehmen mit dem Fuß den Rhythmus des Songs. Ich schau mich um. Alle Schuhspitzen bewegen sich gleichmäßig zur Musik. Herr Bosch zählt zum Rhythmus: eins – zwei – drei – vier. Dann beginnt er von vorne. Ich zähle leise mit. Die Musik bestimmt Tempo und Rhythmus. Das macht Spaß! Herr Bosch setzt sich ans Schlagzeug. Er spielt auf dem Schlagzeug zur Musik. Wir bleiben bei unserem Rhythmus. Es groovt so richtig! Herr Bosch gibt uns einen Auftrag. Er sagt: „Hört zu Hause eure Lieblingsmusik. Macht es dann so wie jetzt. Schlagt den Grundrhythmus mit dem Fuß mit. In der nächsten Stunde könnt ihr es dann auf dem Schlagzeug probieren.“
Wie super ist das denn! Wir wollen Schlagzeug spielen! Zu Hause höre ich jeden Tag meine Lieblingsmusik. Mein Fuß kommt gar nicht mehr zur Ruhe. Herr Bosch hat am Schlagzeug nicht nur diesen Rhythmus gespielt. Er hatte in jeder Hand einen Schlagzeugstock. Er hat unseren Grundrhythmus damit ergänzt. Ich erinnere mich. Ich probiere verschiedene Möglichkeiten. Zusammen mit dem Fuß ist das sehr schwer. Vielleicht lernen wir das in der nächsten Stunde.
Ich bereite mich jeden Tag auf die nächste Musikstunde vor. Wie cool Hausaufgaben sein können! Ich freue mich schon sehr auf die nächste Musikstunde!

4 Es groovt

Aufgabe 1: *Kreuze jeweils die richtige Antwort an.*

a) Welche Musik liebt der Verfasser des Textes?

- ☐ Wolfgang Amadeus Mozart
- ☐ Oper
- ☐ internationale Popmusik der 80er-Jahre

b) Worauf freut sich die ganze Klasse?

- ☐ Mathematik
- ☐ Musik
- ☐ Deutsch

c) Was steht in der Mitte des Musikraumes?

- ☐ Schlagzeug
- ☐ Notenständer
- ☐ Klavier

d) Was hatte Herr Bosch in jeder Hand?

- ☐ Taktstock
- ☐ Schlagzeugstock
- ☐ Rohrstock

Aufgabe 2: *Notiere neben den Definitionen den Begriff, der beschrieben wird.*

a)	Das sind Keyboards, Gitarre, Stabspiele, bunte Klangröhren, Klavier und viele andere mehr. *(Z 12/13)*	
b)	Den schlagen Schuhspitzen mit, wenn sie sich gleichmäßig zur Musik bewegen. *(Z 18)*	
c)	Aus diesen Jahren stammt die Musik von Pink Floyd, Depeche Mode, Eurythmics, Roxette und Michael Jackson. *(Z 5)*	

DIE LESE-ECKE / Band 1
Sachtexte für Jugendliche in einfacher Sprache – Bestell-Nr. 16 107
KOHL VERLAG

4 Es groovt

Aufgabe 3: *Setze die fehlenden Wörter ein. Schreibe von oben nach unten. In den markierten Kästchen steht ein Lösungswort.*

a) Pink Floyd, Frankie Goes to Hollywood, Depeche Mode, Eurythmics, Roxette, Michael ___ . *(Z 5/6)*

b) Wir übernehmen mit dem Fuß den ___ des Songs. *(Z 23)*

c) ___ interessiert mich nicht. *(Z 3)*

d) Ich will nicht an das Fach Musik in meiner ___ Schule denken. *(Z 1)*

e) Im Musikraum ändert sich meine ___ . *(Z 11)*

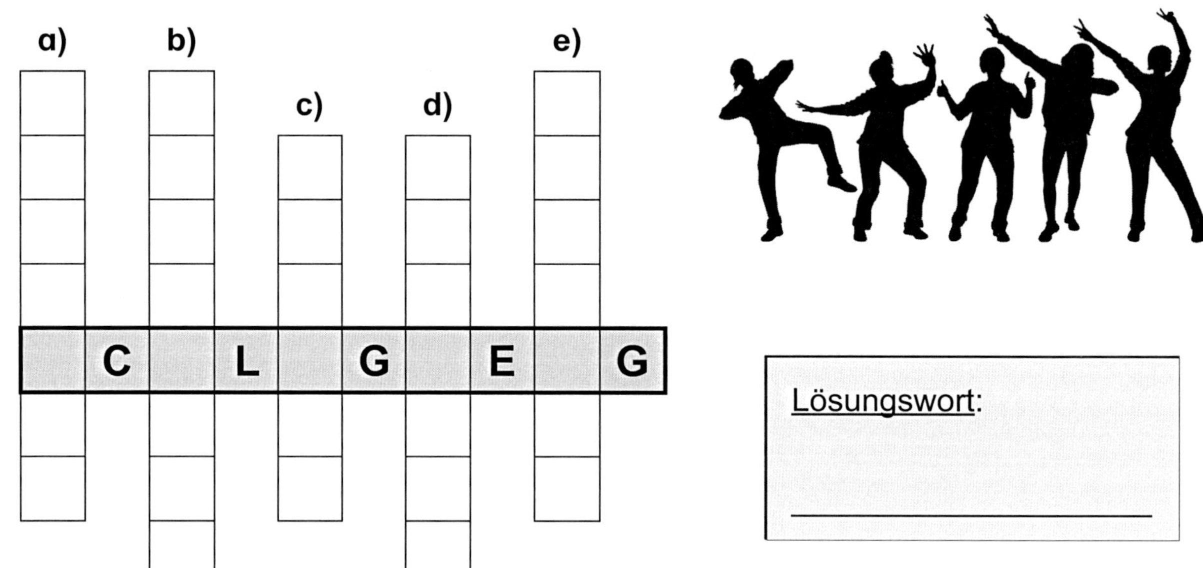

Aufgabe 4: *Jeder Satz enthält eine falsche Information. Streiche das falsche Wort durch. Schreibe das richtige Wort in das Kästchen rechts daneben.*

a)	Es ist die erste Musikstunde nach den Weihnachtsferien. *(Z 9/10)*	
b)	Alle Schuhspitzen bewegen sich unrhythmisch zur Musik. *(Z 24)*	
c)	Herr Bosch setzt sich ans Klavier. *(Z 27)*	
d)	„Schlagt den Grundrhythmus mit den Händen mit." *(Z 30)*	
e)	Wie sinnlos Hausaufgaben sein können! (Z 39/40)	
f)	Ich freue mich schon sehr auf die nächste Mathematikstunde! *(Z 40/41)*	

5 Mein Lieblingsfach

(➡ Werken)

Ich heiße Marija und bin 13 Jahre alt. In der Schule habe ich ein Lieblingsfach. Ben und Mira lieben das Fach Deutsch. Nina, Kevin, Armaan und Lydia mögen Mathematik am liebsten. Viele in meiner Klasse lernen gerne Englisch. Und mein Lieblingsfach?

Mein Lieblingsfach ist Werken! Warum? Ich arbeite gerne mit den Händen. Ich löse gerne technische Aufgaben und Probleme. Andere aus der Klasse haben oft Schwierigkeiten damit. Sie kommen dann mit ihren Fragen zu mir. Im Werkunterricht ist es im Moment nicht anders. Das Thema ist sehr spannend. Unser Werklehrer Herr Huber hat Modelle für Segelflieger angeschafft. Die einzelnen Teile sind aus Holz. Wir bekommen einen Bauplan. Wir sollen diese Modelle in Teams von je zwei Personen zusammenbauen. Ich bilde mit Timo ein Team. Er ist manchmal sehr ungeschickt. Ich helfe ihm gerne. Die Bauanleitung ist sehr verständlich. Ich habe sie mit Timo oft durchgelesen. Ich freue mich, dass er mir vertraut.

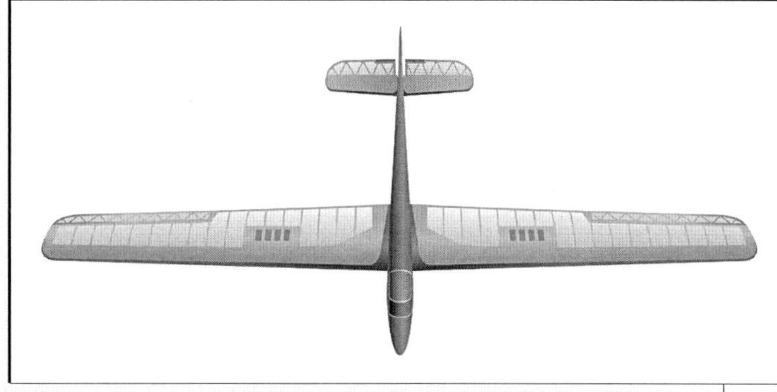

Heute ist die letzte Stunde mit diesem Thema. Das Modell soll fertig werden. Timo und ich legen die nötigen Werkzeuge wie immer vor uns auf den Tisch. Es sind Säge, Messer, Schleifpapier, Schere, Klebstoff und Hammer. Mit den Flügeln des Seglers müssen wir sehr vorsichtig sein. Die Spannweite beträgt immerhin 120 cm! Die Bespannung über den Rippen der Flügel streichen wir mit Klarlack. Der Rumpf bekommt meine Lieblingsfarbe Rot. Timo streicht den Rest in hellbraunen Tönen. Die Kanten des Modells setze ich wieder in Rot ab. Jetzt muss die Farbe noch trocknen. Dann haben wir es geschafft.

Das Modell von Peter und David sieht auch ganz gut aus. Am schönsten finde ich das Ergebnis von Su und Mila. Die Farben Schwarz, Grün und Pink sehen sehr gut aus. Die Kanten in Pink machen sich wirklich sehr gut. Armaan und Kevin sehen nicht so glücklich aus. Der Klebstoff hält die Rippen in den Flügeln nicht gut zusammen. Sie werden heute wohl nicht fertig. Die Segelflieger der anderen liegen jetzt ebenfalls zum Trocknen im Regal. Herr Huber vereinbart mit Armaan und Kevin eine neue Abgabezeit. Dann werden sie hoffentlich ebenfalls fertig.

In der nächsten Stunde gehen wir mit unseren Modellen auf den Sportplatz. Dort starten wir mit den ersten Flugversuchen. Hoffentlich haben wir einen erfolgreichen Flugtag!

DIE LESE-ECKE / Band 1
Sachtexte für Jugendliche in einfacher Sprache – Bestell-Nr. 16 107

5 Mein Lieblingsfach

Aufgabe 1: *Notiere die Namen, die in der Geschichte erwähnt werden. Schreibe die Zeile dazu, in der sie vorkommen.*

Namen	Zeile im Lesetext

Aufgabe 2: *In den angegebenen Zeilen werden Werkzeuge, Material, Farbmaterial und Farben erwähnt. Damit werden die einzelnen Teile der Flugmodelle zusammengebaut und gestrichen. Notiere, was du in den Zeilen finden kannst.*

Zeile	Material/Werkzeug
10	
13	
20/22	
25	
26	
27	
30/31	
31	
32	

KOHL VERLAG
DIE LESE-ECKE / Band 1
Sachtexte für Jugendliche in einfacher Sprache – Bestell-Nr. 16 107

5 Mein Lieblingsfach

Aufgabe 3: *Marija löst gerne technische Aufgaben und Probleme. Notiere, warum andere aus der Klasse mit ihren Fragen oft zu ihr kommen. (Z 7)*

____

Aufgabe 4: *Ergänze die fehlende Satzhälfte.*

a)	Unser Werklehrer Herr Huber hat Modelle ...	Z 9/10	
b)	Wir sollen diese Modelle in Teams von ...	Z 11	
c)	Timo und ich legen die nötigen Werkzeuge ...	Z 17/20	
d)	Der Rumpf bekommt ...	Z 25	
e)	Die Kanten in Pink ...	Z 31	
f)	Die Segelflieger der anderen lie-gen ...	Z 33/34	
g)	Hoffentlich haben wir einen ...	Z 38/39	

DIE LESE-ECKE / Band 1
Sachtexte für Jugendliche in einfacher Sprache – Bestell-Nr. 16 107
KOHL VERLAG

5 Mein Lieblingsfach

Aufgabe 5: *Notiere die Namen der Teile des Modellflugzeuges. Schreibe jeweils in den Kasten.*

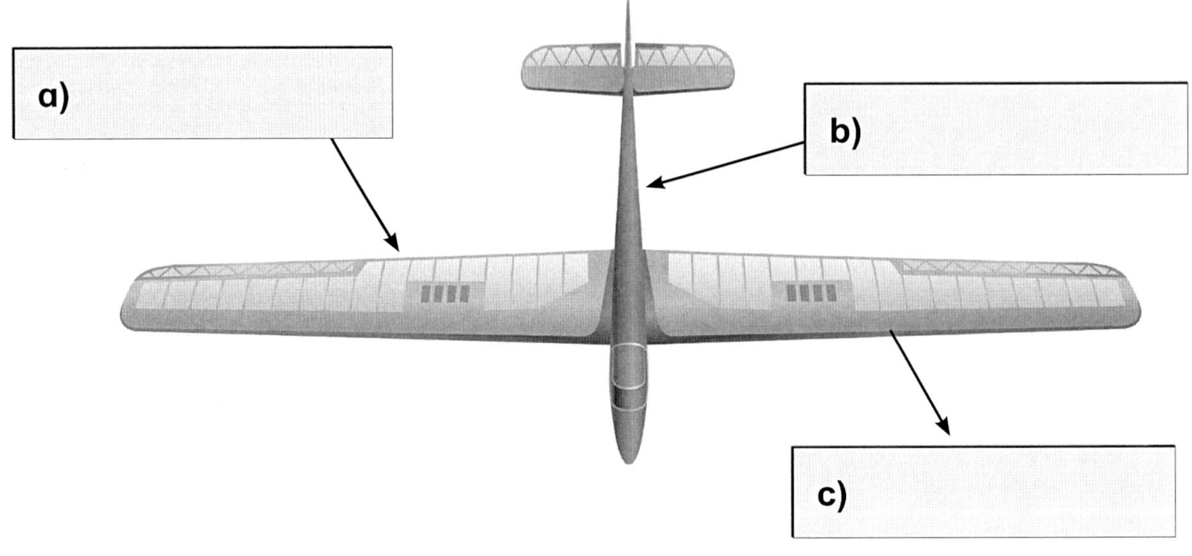

Aufgabe 6: *Marijas Lieblingsfach ist Werken. Ben und Mira lieben das Fach Deutsch. Nina, Kevin, Armaan und Lydia mögen Mathematik am liebsten. Was ist dein Lieblingsfach? Notiere auch, was du an diesem Fach besonders liebst.*

DIE LESE-ECKE / Band 1
Sachtexte für Jugendliche in einfacher Sprache ■ Bestell-Nr. 16 107
KOHL VERLAG

6 So möchte ich sein

(➡ *Religion, Ethik*)

Das Thema der heutigen Religionsstunde steht an der Tafel. Es heißt: So möchte ich sein! Die Schülerinnen und Schüler beantworten zwei Fragen:

<u>Frage 1</u>: Wie willst du nie werden, wenn du alt bist?
<u>Frage 2</u>: Was wünschst du dir von der älteren Generation?

Lies die Antworten der Schüler*innen auf diese Fragen.

1. So will ich nie werden, wenn ich älter bin.

Marija: „Altmodisch. Ich will mich mein ganzes Leben lang stylisch kleiden."

Ben: „Ich möchte mich nie über alles und jeden ärgern. Ich will mein Leben in jedem Alter genießen."

Wu: „Ich will noch im hohen Alter auf Reisen gehen. Auch wenn ich mit dem Rollator unterwegs bin."

Mia: „Ich bin eine sehr großzügige Person. Ich möchte nie ein Geizhals werden."

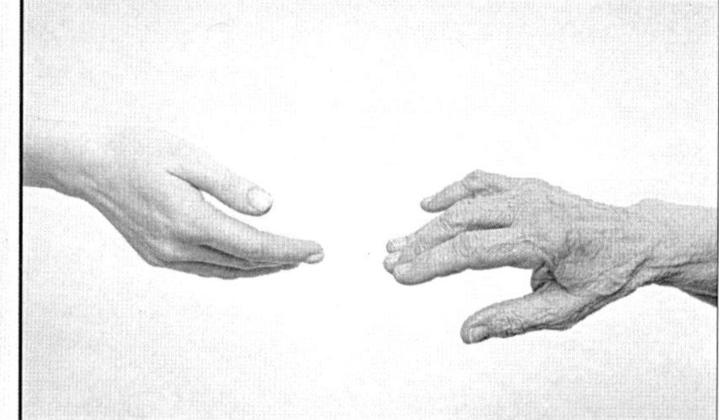

Jussuf: „Ich will nie abhängig von Drogen oder Alkohol sein."

Timo: „Ich möchte nie Jugendliche kritisieren oder doof anmachen."

Mila: „Ich will nie frustriert oder wütend durchs Leben gehen."

Nina: „Ich will nie einsam sein. Dafür muss ich wohl eine große Familie gründen."

Armaan: „Ich will unter keinen Umständen langweilig werden."

2. Das wünsche ich mir von der älteren Generation.

Jussuf: „Sie sollten sich nicht ständig Sorgen um uns Jugendliche machen. Wir gehen schon unseren Weg."

Marija: „Die Erwachsenen sollten nicht alles mit ihrer Jugend vergleichen. Wir leben im Jetzt und nicht Jahrzehnte zurück."

Ben: „Alle Generationen sollten das Leben nicht allzu ernst nehmen."

Wu: „Ich habe keine Wünsche. Jede Generation hat ihre eigene Geschichte."

Timo: „Mich ärgern die ganzen Vorurteile über die Jugendlichen von heute."

Mia: „Die älteren Leute sollten sich mehr auf neue Technologien einlassen."

Mila: „Eltern sollten freundlicher mit ihren Kindern umgehen."

Nina: „Die Erwachsenen sollten sich nicht so schnell über uns aufregen. Sie waren ja schließlich auch mal jung."

Armaan: „Erwachsene sollten etwas lockerer werden und nicht immer alles so eng sehen."

Notiere jetzt <u>*deine*</u> Antworten auf die beiden Fragen auf einem Extrablatt.

DIE LESE-ECKE / Band 1
Sachtexte für Jugendliche in einfacher Sprache – Bestell-Nr. 16 107
KOHL VERLAG

6 So möchte ich sein

<u>Aufgabe 1</u>: *Gesucht sind Wörter mit jeweils <u>6 Buchstaben</u>. Du findest sie in der angegebenen Zeile. Übertrage dann das Wort in das Rätsel rechts. Schreibe im Uhrzeigersinn. Beginne im Feld mit der Zahl.*

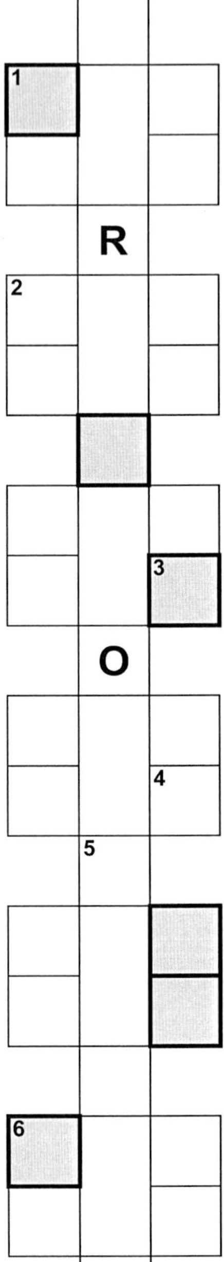

1. Zeile 8
2. Zeile 14
3. Zeile 24
4. Zeile 12
5. Zeile 32
6. Zeile 10

Die Buchstaben in den markierten Kästchen ergeben in der richtigen Reihenfolge das Lösungswort.

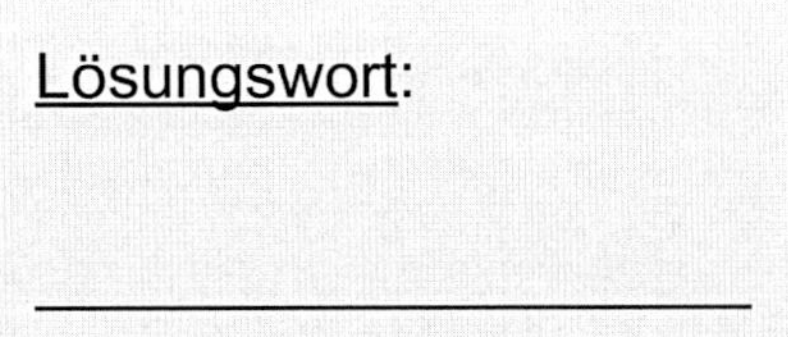

<u>Aufgabe 2</u>: *Ein Adjektiv beschreibt die Eigenschaft einer Person oder einer Sache. Markiere in den folgenden Ausdrücken das jeweilige Adjektiv.*

der heutigen Religionsstunde *(Z 1)*

von der älteren Generation *(Z 4)*

im hohen Alter *(Z 10)*

eine sehr großzügige Person *(Z 12)*

eine große Familie *(Z 21)*

die älteren Leute *(Z 31)*

DIE LESE-ECKE / Band 1 • Bestell-Nr. 16 107
KOHL VERLAG

6 So möchte ich sein

Aufgabe 3: *Richtig oder falsch? Kreuze an.*

	richtig	falsch
1. Marija sagt, dass sie sich ihr ganzes Leben lang stylisch kleiden will. *(Z 7)*		
2. Wu sagt, dass er niemals mit einem Rollator unterwegs sein will. *(Z 10/11)*		
3. Mila sagt, dass sie nie wütend durchs Leben gehen will. *(Z 18/19)*		
4. Nina sagt, dass sie eine große Familie gründen will. *(Z 20/21)*		
5. Armaan sagt, dass er langweilig werden will. *(Z 22)*		
6. Jussuf sagt, dass die Jugendlichen schon ihren Weg gehen. *(Z 25)*		
7. Ben sagt, dass alle das Leben ernst nehmen sollen. *(Z 28)*		
8. Wu sagt, dass er viele Wünsche hat. *(Z 29)*		
9. Timo sagt, dass ihn die Vorurteile über Jugendliche ärgern. *(Z 30)*		
10. Armaan sagt, dass die Erwachsenen lockerer werden sollten. *(Z 35/36)*		

Aufgabe 4: *Wer sagt was? Schreibe den Namen neben die entsprechende Aussage.*

Zitat (Textzeile)	Name der Person
„Ich will mein Leben in jedem Alter genießen.“ *(Z 8/9)*	
„Ich will nie abhängig von Drogen oder Alkohol sein.“ *(Z 14/15)*	
„Ich will nie einsam sein.“ *(Z 20)*	
„Die Erwachsenen sollten nicht alles mit ihrer Jugend vergleichen.“ *(Z 26)*	
Die älteren Leute sollten sich mehr auf neue Technologien einlassen.“ *(Z 31)*	

KOHL VERLAG DIE LESE-ECKE / Band 1 Sachtexte für Jugendliche in einfacher Sprache – Bestell-Nr. 16 107

7 Triathlon

(➡ Sport)

Kevin macht es sich oft sehr bequem. Er bewegt sich auch nicht gern. Er geht langsam. Er isst langsam. Er wird nur sehr schnell müde. Sport ist gar nicht sein Ding. Er ist das Gegenteil von seinem Vater.

Kevin lebt mit seinem Vater zusammen. Seine Mutter hat die Familie vor vielen Jahren verlassen. Keine Briefe, Fotos oder andere Gegenstände erinnern an sie. Kevin nennt seinen Vater nur Jürgen.

Als seine Frau weggelaufen war, fing auch Jürgen an zu laufen. Erst joggte er locker durch den Wald. Dann trainierte er für einen Marathon. Heute ist Jürgen Triathlet und trainiert täglich. Er isst nur noch gesunde Sachen. Er hat nur noch ein einziges Ziel: Er will den Iron Man unter zehn Stunden laufen. Der Iron Man ist die lange Distanz des Triathlon. Er besteht aus diesen Disziplinen: 3,8 Kilometer Schwimmen, 180 Kilometer Radfahren und 42,2 Kilometer Laufen. Diese Laufstrecke wird auch Marathon genannt.

Jürgen hat ein Trainingsprogramm entwickelt. Er muss für die langen Strecken seine Ausdauer steigern. Dabei wechselt er in jeder Woche zwischen den drei Sportarten. So sieht sein Wochenplan aus:

Montag: frei
Dienstag: Laufen
Mittwoch: Schwimmen
Donnerstag: frei
Freitag: Laufen
Samstag: Schwimmen; kurze Radstrecken
Sonntag: längere Radstrecken

Sein Lauftraining bestand bisher aus 60 Minuten. Diese Zeit hat er inzwischen erhöht. Das Radtraining hat er von 3 auf 5 Stunden gesteigert. Das Schwimmtraining besteht aus der Technik Kraulen. Er wechselt dazu immer zwischen langen und kurzen Strecken.

Kevin schüttelt über seinen Vater nur den Kopf. Er möchte keinen Sport treiben und lehnt ihn völlig ab. Jeden Tag mit dem Rad zur Schule ist genug. Autofahren ist doch so bequem. Aber sein Vater lehnt die Anschaffung eines Autos bisher ab.

Jürgen wird beim Frankfurt-City-Triathlon teilnehmen. Er bereitet sich damit auf den Iron Man vor. Der Frankfurt-City-Triathlon findet in jedem Jahr Anfang August statt. Dort startet Jürgen in der olympischen Distanz. Diese besteht aus 1,5 km Schwimmen, 40 km Radfahren und 10 km Laufen. Jürgen hat ein Ziel: Er will diesen Triathlon unter 2 Stunden beenden. Er hat Kevin etwas versprochen. Wenn er dieses Ziel erreicht, wird er ein Auto kaufen.

Jetzt ist Kevin ganz begeistert von seinem Vater. Er will ihn an der Strecke in Frankfurt anfeuern.

KOHL VERLAG DIE LESE-ECKE / Band 1 – Bestell-Nr. 16 107

7 Triathlon

Aufgabe 1: *Notiere in dem Feld neben der Definition den Begriff, der beschrieben wird.*

a)	Dieser Triathlon hat einen besonderen Namen. Er besteht aus den Disziplinen: 3,8 Kilometer Schwimmen, 180 Kilometer Radfahren und 42,2 Kilometer Laufen	*(Z 10)*
b)	So könnte ein Plan aussehen: Montag: frei; Dienstag: Laufen; Mittwoch: Schwimmen; Donnerstag: frei; Freitag: Laufen; Samstag/Sonntag: Radfahren	*(Z 16)*
c)	Dieses Training besteht aus Kraulen und anderen Schwimmtechniken.	*(Z 26)*
d)	Über diese Person schüttelt Kevin den Kopf.	*(Z 28)*
e)	Dieser Triathlon findet immer Anfang August statt. Diese olympische Disziplin besteht aus 1,5 km Schwimmen, 40 km Radfahren und 10 km Laufen.	*(Z 33)*

Aufgabe 2: *Ergänze die fehlende Satzhälfte.*

a) Kevin macht es sich

______________________________________ . *(Z 1)*

b) ____

und trainiert täglich. *(Z 8/9)*

c) Aber sein Vater lehnt ____________________________________

_________________________________ . *(Z 30/31)*

d) ____ Triathlon unter

zwei Stunden beenden. *(Z35/36)*

e) Wenn er dieses Ziel erreicht, ____________________________ . *(Z 37)*

DIE LESE-ECKE / Band 1
Sachtexte für Jugendliche in einfacher Sprache – Bestell-Nr. 16 107
KOHL VERLAG

Triathlon

Aufgabe 3: *Ergänze die fehlenden Begriffe und trage sie in das Rätsel ein. Die Buchstaben in den hervorgehobenen Kästchen ergeben ein Lösungswort.*

a) Dann trainierte er für einen ___ . *(Z 8)*

b) ___ : frei *(Z17)*

c) Das ___ hat er von 3 auf 5 Stunden gesteigert. *(Z 25)*

d) Heute ist Jürgen Triathlet und ___ täglich. *(Z 8/9)*

e) Er will den Iron Man unter zehn ___ laufen. *(Z 10)*

f) Heute ist Jürgen ___ und trainert täglich. *(Z 8/9)*

g) Heute ist Jürgen Triathlet und trainiert ___ . *(Z 8/9)*

h) Er isst ___ . *(Z 2)*

i) Diese Laufstrecke wird auch Marathon ___ . *(Z 13)*

j) Er bewegt sich auch nicht ___ . *(Z 1)*

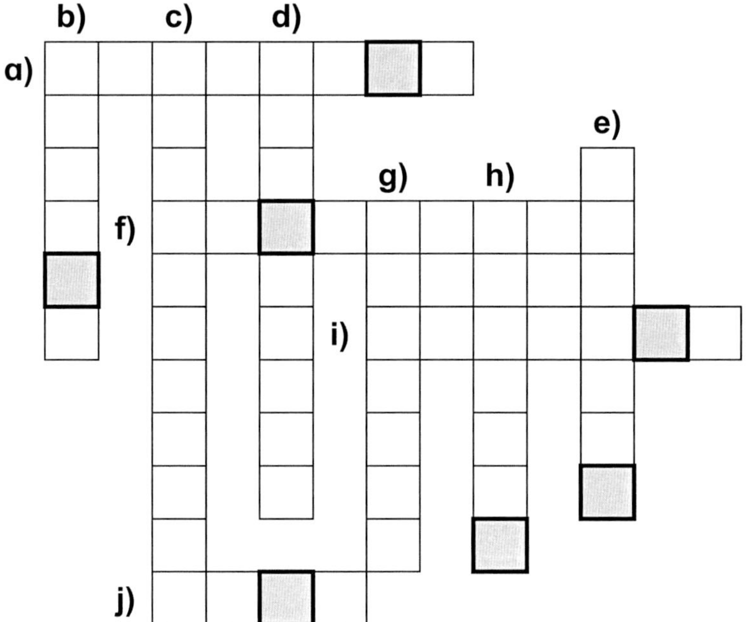

Lösungswort: ___ ___ ___ ___ ___ ___ ___

Aufgabe 4: *Setze die fehlenden Verben sinnvoll in die Sätze ein.*

erreicht - findet ... statt - isst - lebt ... zusammen - startet - wechselt

a) Kevin ________________ mit seinem Vater ________________ . *(Z 4)*

b) Er ________________ nur noch gesunde Sachen. *(Z 9)*

c) Dabei ________________ er in jeder Woche zwischen den drei Sportarten. *(Z 15/16)*

d) Der Frankfurt-City-Triathlon ________________ in jedem Jahr Anfang August ________________ . *(Z 33/34)*

e) Dort ________________ Jürgen in der olympischen Distanz. *(Z 34)*

f) Wenn er dieses Ziel ________________ , wird er ein Auto kaufen. *(Z 37)*

DIE LESE-ECKE / Band 1 – Bestell-Nr. 16 107

Die Lösungen

1 Der Flohmarkt

1. **a)** Die Familie Schäfer besteht aus 5 Personen.
b) Lisa, Lena, Ben, Frau Schäfer, Herr Schäfer

2. **a)** Fahrrad; **b)** Otto; **c)** Mädchen; **d)** Rücksitz;
e) Teddybär <u>Lösungswort</u>: FLOHMARKT

a)		b)		c)		d)		e)
F	**L**	**O**	**H**	**M**	**A**	**R**	**K**	**T**
A		T		Ä		Ü		E
H		T		D		C		D
R		O		C		K		D
R				H		S		Y
A				E		I		B
D				N		T		Ä
						Z		R

3.

Zitat (Textzeile)	Name der Person
„Ein Feuerwehrauto darf hier fahren. Aber nur, wenn es brennt." *(Zeile 18/19)*	Herr Schäfer
„Ich wünsche mir ein Feuerwehrauto." *(Zeile 24)*	Lena
„Lena, mit so was spielst du doch schon lange nicht mehr!" *(Zeile 36/37)*	Herr Schäfer
„Im Keller." *(Zeile 39)*	Lena
„Da ist doch jetzt wieder Platz." *(Zeile 40)*	Ben

4.

a)	**Schul** *(Z 3)*	Schulfest	**markt**
b)	**Kinder** *(Z 5)*	Kinderheim	**fest**
c)	**Floh** *(Z 6)*	Flohmarkt	**heim**
d)	**Spiel** *(Z 8)*	Spielzeug	**stube**
e)	**Puppen** *(Z 10)*	Puppenstube	**platte**
f)	**Koch** *(Z 10)*	Kochplatte	**zeug**
g)	**Schul** *(Z 17)*	Schulhof	**gerüst**
h)	**Feuerwehr** *(Z 18)*	Feuerwehrauto	**sitz**
i)	**Kletter** *(Z 20)*	Klettergerüst	**hot**
j)	**Rück** *(Z 34)*	Rücksitz	**auto**

2 Die rote Isetta

1. **a)** rot; **b)** Onkel Berthold; **c)** Er ärgert sich sehr. **d)** Sie sind jetzt beide kaputt.

2. <u>Diese Begriffe kommen im Lesetext vor</u>:
Oldtimer, Beifahrersitz, Kreuzung, gerissenes Seil, Mercedes, Ampel, nichts passiert

Die Lösungen

3.

a)	*(Z 5)* **a k p t t u**	kaputt
b)	*(Z 6)* **a e k r s t t t W**	Werkstatt
c)	*(Z 8)* **e K r u v**	Kurve
d)	*(Z 27)* **e e h i L n r r**	Lehrerin
e)	*(Z 29)* **e e g l n r t**	gelernt

4. **a)** spannende; **b)** lange; **c)** gefährliche; **d)** sein Auto; **e)** ihre Isetta **f)** Gott sei Dank

5.

a)	Hier werden Dinge repariert, die kaputt sind. *(Z 6)*	Werkstatt
b)	Das wird vor Ärger manchmal rot. (Z 24/25)	Gesicht
c)	Sie unterrichtet in der Schule. *(Z 27)*	Lehrerin

3 Die Sache mit dem Essen

1.

a) *(Z 8)* Karotten | **b)** *(Z 8)* Paprika

c) *(Z 8)* Zwiebeln | **d)** *(Z 9)* Pilze

2. **a)** Vegetarier; **b)** essbare; **c)** Ausflug; **d)** Spiess; **e)** Winter; **f)** Natur; **g)** Sauerstoff; **h)** Gras

<u>Lösungswort</u>: BAUER

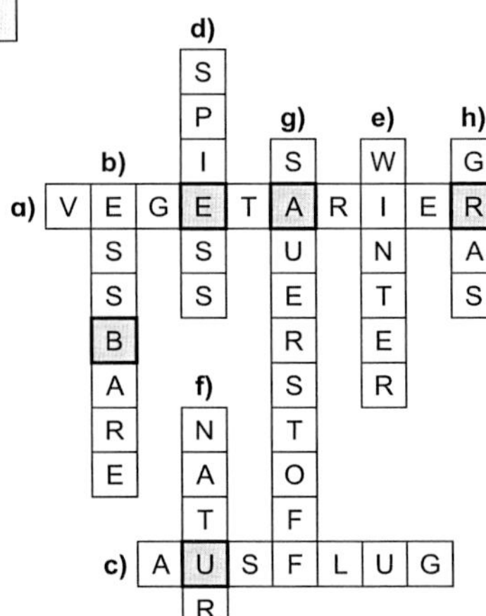

3. **a)** Bratwürste; **b)** Grillen; **c)** Mittelfinger; **d)** Äcker; **e)** Fläche

Die Lösungen

4. **a)** Klassenlehrer, Biologielehrer; **b)** Vegetarier; **c)** Fleischesser, Würstchenesser

4 Es groovt

1. **a)** internationale Popmusik der 80er-Jahre; **b)** Musik; **c)** Schlagzeug; **d)** Schlagzeugstock

2.

a)	Das sind Keyboards, Gitarre, Stabspiele, bunte Klangröhren, Klavier und viele andere mehr. *(Z 12/13)*	Instrumente
b)	Den schlagen Schuhspitzen mit, wenn sie sich gleichmäßig zur Musik bewegen. *(Z 12/13)*	Rhythmus
c)	*Aus diesen Jahren stammt die Musik von Pink Floyd, Depeche Mode, Eurythmics, Roxette und Michael Jackson. (Z 5)*	(aus den) 80er-Jahre(n)

3.

a)		b)		c)		d)		e)	
J		R						M	
A		H		M		L		E	
C		Y		O		E		I	
K		T		Z		T		N	
S	**C**	**H**	**L**	**A**	**G**	**Z**	**E**	**U**	**G**
O		M		R		T		N	
N		U		T		E		G	
		S				N			

4.

a)	Es ist die erste Musikstunde nach den ~~Weihnachtsferien~~. *(Z 9/10)*	Sommerferien
b)	Alle Schuhspitzen bewegen sich ~~unrhythmisch~~ zur Musik. *(Z 24)*	gleichmäßig
c)	Herr Bosch setzt sich ans ~~Klavier~~. *(Z 27)*	Schlagzeug
d)	„Schlagt den Grundrhythmus ~~mit den Händen~~ mit." *(Z 28)*	mit dem Fuß
e)	Wie ~~sinnlos~~ Hausarbeiten sein können! (Z 39/40)	cool
f)	Ich freue mich schon sehr auf die nächste ~~Mathematikstunde~~! *(Z 40/41)*	Musikstunde

5 Mein Lieblingsfach

1.

Namen	Zeile im Lesetext
Marija	1
Ben, Mira, Nina, Kevin, Amaan, Lydia	2
Herr Huber	9, 34/35
Timo	12, 13, 17, 26
Peter, David	29
Su, Mila	30
Armaan, Kevin	32, 35

Die Lösungen

2.

Zeile	Material/Werkzeug
10	Holz, Bauplan
13	Bauanleitung
20/22	Säge, Messer, Schleifpapier, Schere, Klebstoff, Hammer
25	Klarlack
26	Rot, hellbraune Töne
27	Rot
30/31	Schwarz, Grün, Pink
31	Pink
32	Klebstoff

3. Andere aus der Klasse haben oft Schwierigkeiten damit.

4.

a)	Unser Werklehrer Herr Huber hat Modelle ...	Z 9/10	... für Segelflieger angeschafft.
b)	Wir sollen diese Modelle in Teams von ...	Z 11	... je zwei Personen zusammenbauen.
c)	Timo und ich legen die nötigen Werkzeuge ...	Z 17/20	... wie immer vor uns auf den Tisch.
d)	Der Rumpf bekommt ...	Z 25/26	... meine Lieblingsfarbe Rot.
e)	Die Kanten in Pink ...	Z 31	... machen sich wirklich sehr gut.
f)	Die Segelflieger der anderen liegen ...	Z 33/34	... jetzt ebenfalls zum Trocknen im Regal.
g)	Hoffentlich haben wir einen ...	Z 38/39	... erfolgreichen Flugtag!

5.

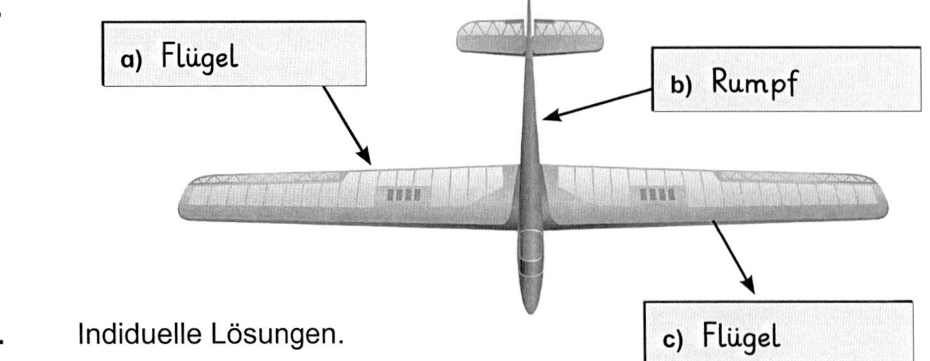

6. Indiduelle Lösungen.

Die Lösungen

6 So möchte ich sein

1. Lösung siehe rechts.
<u>Lösungswort</u>: RÄTSEL

	R	
[1] **Ä**		G
N		E
	R	
[2] D		O
N		G
	E	
G		N
R		[3] **S**
	O	
S		N
R		[4] P
	[5] E	
N		**L**
R		**T**
	E	
[6] **R**		I
N		S
	E	

2.

der **<u>heutigen</u>** Religionsstunde *(Z 1)*

von der **<u>älteren</u>** Generation *(Z 4)*

im **<u>hohen</u>** Alter *(Z 10)*

eine sehr **<u>großzügige</u>** Person *(Z 12)*

eine **<u>große</u>** Familie *(Z 21)*

die **<u>älteren</u>** Leute *(Z 31)*

3.

	richtig	falsch
1. Marija sagt, dass sie sich ihr ganzes Leben lang stylisch kleiden will. *(Z 7)*	X	
2. Wu sagt, dass er niemals mit einem Rollator unterwegs sein will. *(Z 10/11)*		X
3. Mila sagt, dass sie nie wütend durchs Leben gehen will. *(Z 18/19)*	X	
4. Nina sagt, dass sie eine große Familie gründen will. *(Z 20/21)*	X	
5. Armaan sagt, dass er langweilig werden will. *(Z 22)*		X
6. Jussuf sagt, dass die Jugendlichen schon ihren Weg gehen. *(Z 25)*	X	
7. Ben sagt, dass alle das Leben ernst nehmen sollen. *(Z 28)*		X
8. Wu sagt, dass er viele Wünsche hat. *(Z 29)*		X
9. Timo sagt, dass ihn die Vorurteile über Jugendliche ärgern. *(Z 30)*	X	
10. Armaan sagt, dass die Erwachsenen lockerer werden sollten. *(Z 35/36)*	X	

4.

Zitat (Textzeile)	Name der Person
„Ich will mein Leben in jedem Alter genießen." *(Z 8/9)*	Ben
„Ich will nie abhängig von Drogen oder Alkohol sein." *(Z 14/15)*	Jussuf
„Ich will nie einsam sein." *(Z 20)*	Nina
„Die Erwachsenen sollten nicht alles mit ihrer Jugend vergleichen." *(Z 26)*	Marija
Die älteren Leute sollten sich mehr auf neue Technologien einlassen." *(Z 31)*	Mia

7 Triathlon

1.

a)	Dieser Triathlon hat einen besonderen Namen. Er besteht aus den Disziplinen: 3,8 Kilometer Schwimmen, 180 Kilometer Radfahren und 42,2 Kilometer Laufen	Iron-Man *(Z 10)*
b)	So könnte ein Plan aussehen: Montag: frei; Dienstag: Laufen; Mittwoch: Schwimmen; Donnerstag: frei; Freitag: Laufen; Samstag/Sonntag: Radfahren	Wochenplan *(Z 16)*
c)	Dieses Training besteht aus Kraulen und anderen Schwimmtechniken.	Schwimmtraining *(Z 26)*
d)	Über diese Person schüttelt Kevin den Kopf.	(sein) Vater *(Z 28)*
e)	Dieser Triathlon findet immer Anfang August statt. Diese olympische Disziplin besteht aus 1,5 km Schwimmen, 40 km Radfahren und 10 km Laufen.	Frankfurt-City-Marathon *(Z 33)*

DIE LESE-ECKE / Band 1
Sachtexte für Jugendliche in einfacher Sprache – Bestell-Nr. 16 107
KOHL VERLAG

Die Lösungen

2. **a)** Kevin macht es sich _sehr oft bequem_. _(Z 1)_
b) _Heute ist Jürgen Triathlet_ und trainiert täglich. _(Z 8/9)_
c) Aber sein Vater lehnt _die Anschaffung eines Autos bisher ab_. _(Z 30/31)_
d) _Jürgen hat ein Ziel: Er will diesen_ Triathlon unter zwei Stunden beenden. _(Z 35/36)_
e) Wenn er dieses Ziel erreicht, _wird er ein Auto kaufen_. _(Z 37)_

3. Lösung siehe rechts.

Lösungswort: IRON MAN

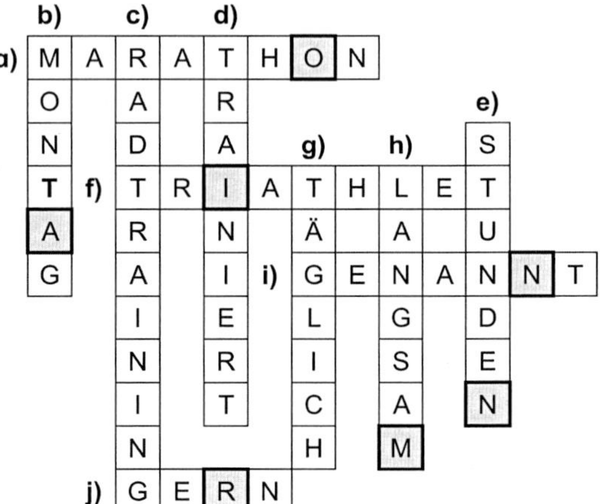

4. **a)** Kevin _lebt_ mit seinem Vater _zusammen_ . _(Z 4)_
b) Er _isst_ nur noch gesunde Sachen. _(Z 9)_
c) Dabei _wechselt_ er in jeder Woche zwischen den drei Sportarten. _(Z 15/16)_
d) Der Frankfurt-City-Triathlon _findet_ in jedem Jahr Anfang August _statt_ . _(Z 33/34)_
e) Dort _startet_ Jürgen in der olympischen Distanz. _(Z 34)_
f) Wenn er dieses Ziel _erreicht_ , wird er ein Auto kaufen. _(Z 37)_